D1854503

Susanne Stahl

HANDGEFERTIGT!

Manufakturen
in Frankfurt und Umgebung

Henrich Editionen

Inhalt

Vorwort

Natürlich drängen sich bei Frankfurt zunächst die Hochhäuser auf, doch es lohnt auch ein Blick auf das Kleinere, das es vielleicht noch zu entdecken gilt – Manufakturen in Hinterhöfen und Ateliers mit teils ganz individuellen Angeboten.

Aufgrund meiner Arbeit bin ich täglich mit handgemachten Unikaten und deren Produzenten umgeben. Durch dieses Buchprojekt bekam ich nun auch Einblicke in die Entstehungsprozesse. Ich konnte erfahren, welche Verknüpfungen zwischen den Materialien, den Maschinen und dem gewünschten Produkt bestehen, wieso aus einem bestimmten Stoff nur ganz bestimmte Formen entwickelt werden können und was es heißt, verfügbare Rohmaterialien zu beschaffen, Wartezeiten im Entstehungsprozess einzuhalten und die Logistik der Räumlichkeiten zu nutzen. Ich lernte über die Tücken von Naturwerkstoffen und deren Abhängigkeiten von Temperatur und Luftfeuchtigkeit, aber auch über Potenziale, die aus genau diesen Eigenheiten heraus entstehen und genutzt werden.

Im Rahmen meiner Recherche stieß ich auf immer mehr Manufakturen, die in Frankfurt und Umgebung tätig sind. Innerhalb dieser gibt es viel Zusammenarbeit, Austausch und Empfehlungen. Nicht alle Firmen können hier vorgestellt werden. So zeigt dieses Buch eine persönliche Auswahl. Es soll einen Einblick in die Arbeiten verschaffen, ohne deren Komplexität erfassen zu können.

Bei jedem meiner Besuche fragte ich, wie es zu der Tätigkeit kam und erhielt überraschend konkrete Antworten – Familientraditionen wurden fortgesetzt, der Neugier nachgegangen, dem Herzen gefolgt und dies stets mit großer Begeisterung.

Viel Spaß beim Entdecken!
Susanne Stahl

TÖPFEREI MAURER

01 | Monika Maurer
Wallstraße 5 · 60594 Frankfurt am Main
service@keramik-maurer.de · keramik-maurer.de
069 / 616340

Öffnungszeiten:
Mo – Fr 9 – 18 Uhr · Sa 9 – 13 Uhr

»Mein liebster Moment ist, wenn ich den Ofen öffne und sich zeigt, wie die Stücke geworden sind. Das ist jedes Mal eine kleine Überraschung.« Monika Maurer

Seit 40 Jahren fertigt die ehemalige Musiklehrerin in ihrer Werkstatt mit großer Verkaufsfläche Bembel und passende Accessoires. In alter Handwerkstradition verwendet sie Steinzeug aus dem Westerwald und Kobaltoxid für die blauen Verzierungen. Diese werden auf den lediglich luftgetrockneten Rohling aufgetragen und mit der Zugabe von Salz in den Ofen geschoben, wo die Salzkristalle sich wie ein Nebel über die Stücke legen. Dadurch ist jeder Bembel auch ohne chemische Glasur dicht und für Lebensmittel geeignet.
Gerne nimmt sie Auftragsarbeiten an, wie das Bemalen des weltgrößten Bembels oder das Gestalten eines Messgeschirrs für eine Frankfurter Kirchengemeinde. Ideen für ihre Bemalungen und neue Interpretationen kommen ihr meist beim Schobbe trinken, wenn sie ein schönes Dekor in der Wirtschaft sieht oder den Leuten beim Babbeln zuhört.

Für gewünschte Schrift
wird der Bembel zuvor eingeritzt.

BEAM

02

Amely Lübben
Bornheimer Landstraße 27 · 60316 Frankfurt am Main
mailbeam@gmx.de · main-beam.de

Termine nach Vereinbarung

»Ich brauche diese Beschäftigung mit den Händen und das Gefühl, etwas hergestellt zu haben.« Amely Lübben

Als Kind eines Kunstlehrers, schon früh an verschiedene Materialien und Verarbeitungstechniken herangeführt, entdeckte sie vor einigen Jahren den Werkstoff Beton für sich. Seitdem wurde der halbe Hausrat zum Betonieren benutzt – Schüsseln, Becher, Plastikflaschen und Verpackungsmaterial kommen zum Einsatz. Gerne lässt sie sich Verpackungen aus Urlauben mitbringen, um immer wieder neue Formen, Strukturen und Reliefs formen zu können. Dabei schätzt sie, dass sie unabhängig von Maschinen arbeiten kann und sich schnell zeigt, ob eine Idee funktioniert und in Serie geht. Geölt oder gewachst teils mit Blattmetall veredelt, entstehen Wohnraumaccessoires wie Vasen, Schalen und Kerzenständer oder Töpfe für den Außenbereich. Vertrieben wird über den hiesigen Einzelhandel, doch die Hinterhofwerkstatt hält auch immer einen Fundus für Neugierige parat.

»Ich muss Ideen immer sofort umsetzen, deshalb liegt stets alles parat, um jederzeit loslegen zu können.«

ADLIBITUM

03 | Anke Schmidts
Basaltstraße 27 · 60487 Frankfurt am Main
schmidts@adlibitum.biz · adlibitum.biz
069 / 97782633 · 0172 / 6278369

Termine nach Vereinbarung

»Es fühlt sich gut an, wenn ein Stapel von Produkten fertig ist und ich sehe, was ich geschaffen habe.«
Anke Schmidts

Dabei kann man sie gut beobachten in ihrer einsehbaren Werkstatt mit kleiner Verkaufsauslage. Der Eckladen in Bockenheim mit seinen großen Schaufenstern lädt Passierende regelrecht ein, die Arbeitsprozesse der gelernten Buchbinderin zu verfolgen. Sie ist gerne umgeben von vielen Pappen und Papieren, sodass immer ein großer Fundus von Materialien vorhanden ist. Dadurch ergeben sich neben der seriellen Produktion eigener Entwürfe ganz nach Belieben – wie der Name des Labels schon verrät – auch für Kunden beste Inspirationen. In Einzel- und Sonderanfertigung entstehen Speisekarten, Fotoalben, Hochzeits- und Gästebücher, die neben den gern gewählten Materialien wie Leder, Seide und handbedrucktes japanisches Papier auch individuelle Wünsche eingearbeitet bekommen.

Das Reisetagebuch eignet sich besonders
für den Backpackerurlaub, da es sich in die kleinste Lücke
im Rucksack knautschen lässt.

FRANK HARLING

04

Frank Harling
Wallstraße 26 · 60594 Frankfurt am Main
frank-harling@gmx.de · frank-harling.com
069 / 90020831

Öffnungszeiten:
Di – Fr 12 – 19 Uhr · Sa 11 – 17 Uhr

»Ohne Marlene, Marilyn und Madonna wäre ich vielleicht nicht diesen Weg gegangen.« Frank Harling

Der Designer studierte Mode und die Stilikonen des 20sten Jahrhunderts. In seinem Atelier mit angeschlossenem Verkaufsraum sind sie stets präsent und dienen der Inspiration. Leichte, transparente Stoffe, wie Tüll, Jersey, Seide und Taft werden zu vielseitig kombinierbaren Röcken und Oberteilen geschneidert. Knittern und Knautschen sowie bewusste Fältelungen gehören zu all seinen Arbeiten. Seine Kollektion ist alltagstauglich, verleiht jedoch durch die Wahl der Materialien, mehrlagig gewickelt und drapiert dem Kleidungsstück sowie der Trägerin eine dezente Dramatik. Frank entwirft und fertigt limitierte Stücke als Unikate oder Kleinserien, aber auch nach Maß, individuell für jede Kundin und ihren eigenen großen Auftritt.

NAM
MYOHO
RENGE
KYO

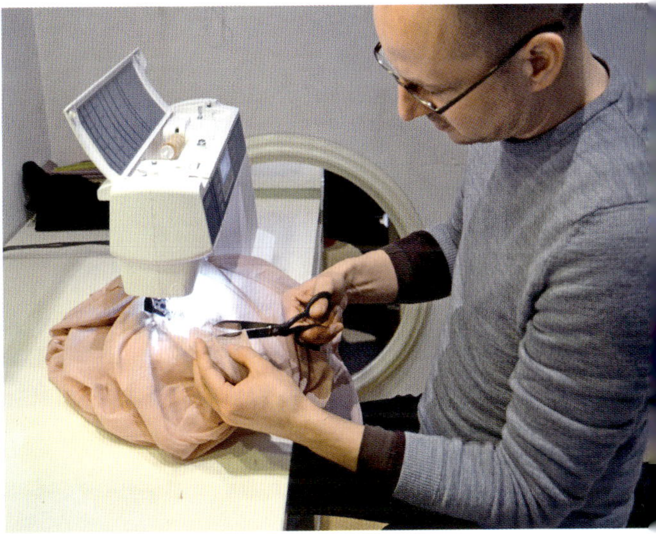

*»Warum Damenmode? –
Frauen sind mutiger und lassen sich
eher auf Neues ein.«*

PETER LÜCHAU – WERKSTATT FÜR FEINE HOLZBEARBEITUNG

05

Peter Lüchau
Starkenburger Straße 59 · 60386 Frankfurt am Main
p.luechau@web.de · drechslerei-schreinerei-frankfurt.de
069 / 40 80 46 04

Termine nach Vereinbarung
und zur jährlichen Werkschau im Herbst

»Das Schöne, wenn es auch einschränkend ist: es wird immer rund.« Peter Lüchau

Der Drechslermeister lässt sich gerne von seinem Material leiten – so kommen seine Ideen mit den Fundstücken. Hölzer jeder Art aber auch Suppenknochen oder Nüsse werden von ihm in die Drehbänke gespannt. Neben Auftragsarbeiten für Bauwerksrestaurationen, Möbeln oder Architekturmodellen fertigt er seine Kollektion von Wohnaccessoires. In der Hinterhofwerkstatt entstehen Schalen, Vasen, Dosen und Kinderspielzeug. Da zwischen dem Vordrehen und dem Fertigstellen eines Stückes einige Jahre für den Trocknungsprozess vergehen können, erfordert das Drechseln viel Geduld und Weitsicht. Anders verhält es sich beim sogenannten Nassdrehen, bei welchem frisch geschlagenes Holz verarbeitet wird und spätere Verformungen und Rissbildungen den Reiz der Objekte ausmachen. Bei seiner jährlichen Werkschau verwandeln sich seine Räumlichkeiten in Ausstellungsflächen, und die Arbeiten der letzten Monate werden zum Kauf angeboten.

»Kugeln drehen ist klasse: meditativ und harmonisierend.«

KREHER

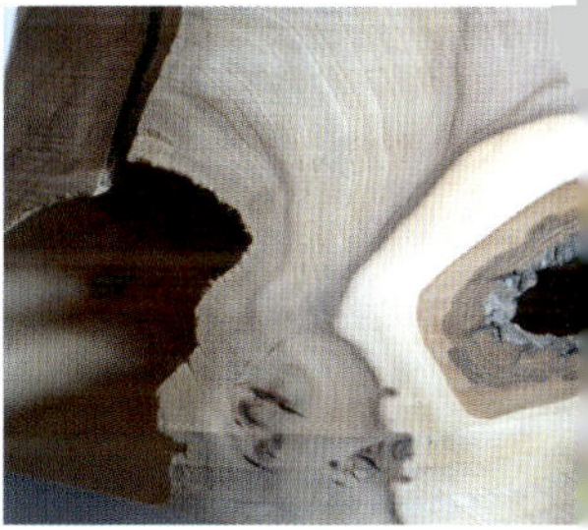

HUTSCHEN'S HANDMADE

06 | Nicole Hutschenreuter
Stiftstraße 19 · 63075 Offenbach
hutschens.com

Termine nach Vereinbarung

»Ich genieße es, in Ruhe und ohne Druck von außen arbeiten zu können. Dann kann ich ganz in meine Arbeit eintauchen.«
Nicole Hutschenreuter

Ursprünglich vermisste die Autodidaktin lediglich passende Sommerschuhe für ihre schmalen Füße. Zuerst waren es nur Änderungen an den eigenen Sandalen, und später begann sie Entwürfe mit Kork, PVC, Leder und Schaumgummi umzusetzen. Das erste Paar Schuhe war nur schwer tragbar, doch ihr Ehrgeiz war geweckt. Von Schustereibetrieben, die ihr passendes Werkzeug und Maschinen verkauften, bekam sie auch fachmännischen Rat. In Folge entstand ihre Werkstatt im Erdgeschoss des Wohnhauses, sodass sie spontanen Einfällen direkt nachgehen kann. Heute liegt ihr Fokus auf Flip-Flops aus rein pflanzlich gegerbtem Leder, welche sie in Kleinauflage fertigt und über den umliegenden Einzelhandel oder direkt aus dem Atelier heraus vertreibt.

Flip-Flops

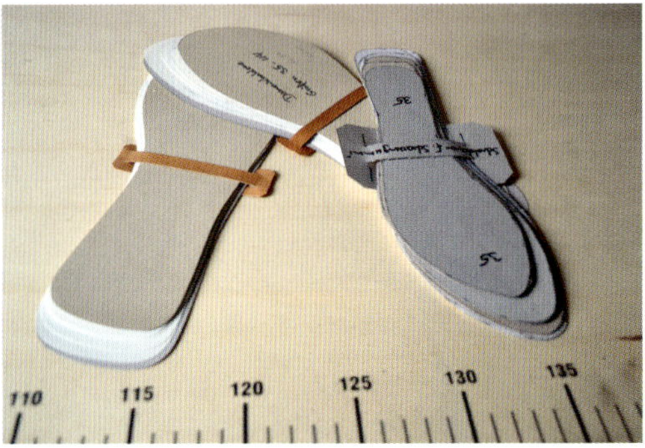

»Der Geruch von Leder macht mich glücklich.«

BLUMENBAR

07 Nicola Dworok
Eckenheimer Landstraße 74 · 60318 Frankfurt am Main
blumen@blumenbar.net · blumenbar.net
069 / 59795965

Öffnungszeiten:
Mo 8 – 18.30 Uhr · Di – Fr 9 – 18.30 Uhr · Sa 9 – 14 Uhr

»Das Schönste ist, wenn die Arbeit gut von der Hand geht, ein Stück fertig ist und einem das Herz aufgeht.« Nicola Dworok

So wie die Floristikmeisterin Pflanzen in Szene setzt, versetzen auch diese ihre Räume in Szenerien. Die Ladenfläche wird immer wieder neu bespielt. Dadurch ist ein Besuch für Kunden nie gleich. Der Fokus der Blumenbar liegt auf saisonalen Pflanzen. So sind Sträuße, Gestecke, Kränze und Pflanzungen im Wandel der Jahreszeiten. Wie frisch von der Wiese gepflückt wirken die Stücke mit vielen wildgewachsenen Pflänzchen. Da Laden und Werkstatt ineinander übergehen, ist der Arbeitsprozess für Kunden einsehbar und man kann beobachten, wie Blumen auch gerne um Fundstücke vom Flohmarkt kreiert werden. Jeden Morgen entsteht ein kleiner Garten vor dem Laden mit Landschaften in Töpfen, Kästen und Kübeln. Für Stammkunden hebt Hündin Waltraud, stets in ihrem Köfferchen auch mal den Kopf, gleich der alten Morla aus der unendlichen Geschichte.

Blumen machen
genauso glücklich
wie Schokolade.

ANDREA EIMER

08 | Andrea Eimer
Braubachstraße 28 · 60311 Frankfurt am Main
info@andrea-eimer.de · andrea-eimer.de
069 / 27175358

Öffnungszeiten:
Di – Fr 12 – 19 Uhr · Sa 11 – 18 Uhr

»Ich mag die Widerstandsfähigkeit meiner Materialien. Sie sind wie Gegner, die es zu bezwingen gilt.« Andrea Eimer

Die Goldschmiedemeisterin ist oft selbst überrascht, in welchem Gegensatz die groben Werkzeuge, die ihr ölige und schwarze Finger bereiten, zu den fertigen Schmuckstücken stehen. Sie schätzt die Griffigkeit von Edelmetallen und die Möglichkeit, dass diese durch Einschmelzen, Walzen und Gießen immer wieder neu geformt werden können. Mit Werkzeugen, die sich teils seit Jahrhunderten nicht verändert haben, fertigt sie in ihrem Ladenatelier Ringe, Manschettenknöpfe, Ohr- und Halsschmuck als Unikate in Kleinserie. Aber auch Aufträge für Maßanfertigungen nimmt sie gerne entgegen. Für Trauringe oder das Umarbeiten von Familienerbstücken werden Skizzen angefertigt, um zusammen mit dem Kunden das gewünschte Design zu entwickeln.

»Wenn das Stück im Zustand des Prozesses vor mir liegt, entstehen oft neue Ideen.«

HUTCOUTURE

09 | Susanne Bänfer
Oeder Weg 25 · 60318 Frankfurt am Main
hutcouture@susanne-baenfer.de · susanne-baenfer.de
069 / 5961294

Öffnungszeiten:
Mo – Fr 10 – 13 Uhr · 14 – 18.30 Uhr · Sa 10 – 14 Uhr

»Zu jedem Gesicht passt ein Hut – die Proportionen müssen nur stimmen.« Susanne Bänfer

Vor ihrer Lehre zur Modistin studierte sie zunächst Bildhauerei. Heute vereint sie Kunst und Handwerk im skulpturalen Modellieren als Hutmacherin. Halbjährlich erscheinen ihre Kollektionen, im Winter funktionaler mit wärmenden Materialien, im Sommer eher schmückend und auffallend.
Es findet sich stets eine große Auswahl für Damen und Herren in ihrem Ladenatelier im Nordend. Doch falls der passende Hut nicht dabei ist, fertigt sie mit Hilfe der unzähligen zusammensteckbaren Hutholzformen, einem Rohling und viel Wasserdampf ein individuelles Stück nach Maß. Am liebsten kreiert sie Fascinators und Hüte für festliche Anlässe oder für einen Besuch auf der Pferderennbahn – kunstvolle Hingucker für stolze, selbstbewusste Frauen. Und es freut sie, wenn ein ganz ausgefallenes Modell eine Frau aufrecht dastehen lässt und diese damit einfach toll aussieht.

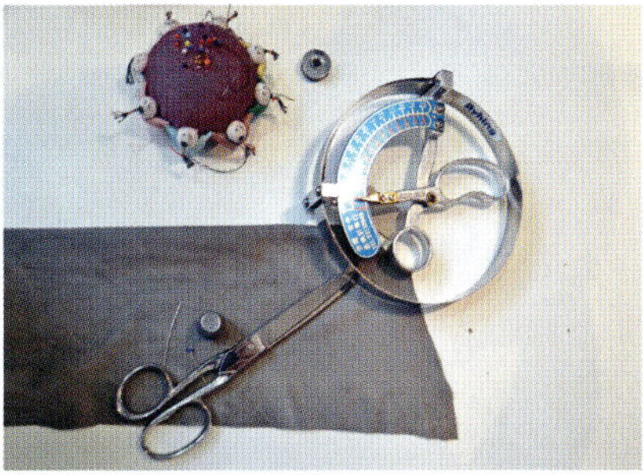

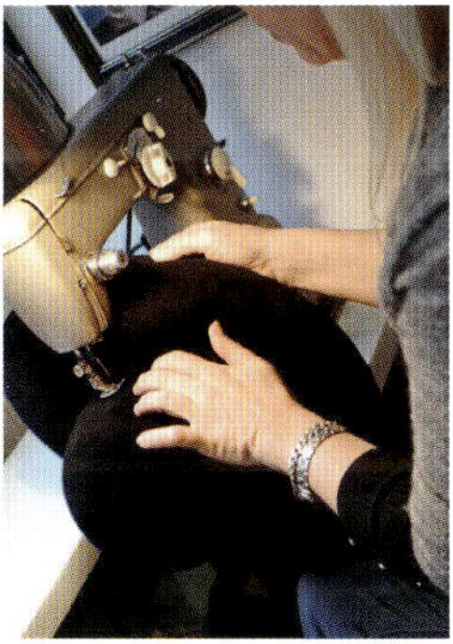

»Ein Hut hilft gegen Unsichtbarsein.«

NITZ PORZELLAN

10

Sandra Nitz
post@nitz-porzellan.de · nitz-porzellan.de

Showroom und Shop:
Fellnerstraße 15 · 60322 Frankfurt am Main
Termine nach Vereinbarung

Werkstatt, Laden mit Café: Kultur-Kasino
Kasinostraße 7 · 56203 Höhr-Grenzhausen
02624 / 9416990

Öffnungszeiten:
Di – Fr 14 – 18 Uhr · Sa 10 – 18 Uhr · So 11 – 18 Uhr

»Ich mag den Ton am liebsten in weichem Zustand.«
Sandra Nitz

Diese Vorliebe kann auch der Betrachter ihrer Werke gleich erkennen. Die fertigen Stücke weisen noch immer die Anmutung des formbaren Materials auf. Die gelernte Scheibentöpferin bringt zudem die Aktion des Drehens in den konservierten Zustand, sodass Vasen, Schalen, Teller und Tassen erscheinen, als seien sie wie frisch von der Drehscheibe genommen. Sie arbeitet ausschließlich mit Limoges Porzellan aus Frankreich, welches sie aus dem Westerwald bezieht. Dort sind auch Werkstatt und Brennofen. Ein angrenzender Laden mit Café bietet beste Bedingungen nicht nur zum Arbeiten sondern auch für Ausflügler. In ihrem Showroom in Frankfurt finden sich zusätzlich viele Stücke geschätzter Kollegen. Bei einem Besuch bekommt man gerne noch eine Führung durch die Geschichte des Töpferhandwerks und einen Einblick in die eng verknüpfte Gemeinschaft der Keramiker.

»Handgemachte Keramik muss wieder mehr in die Köpfe der Menschen – und natürlich in deren Hände.«

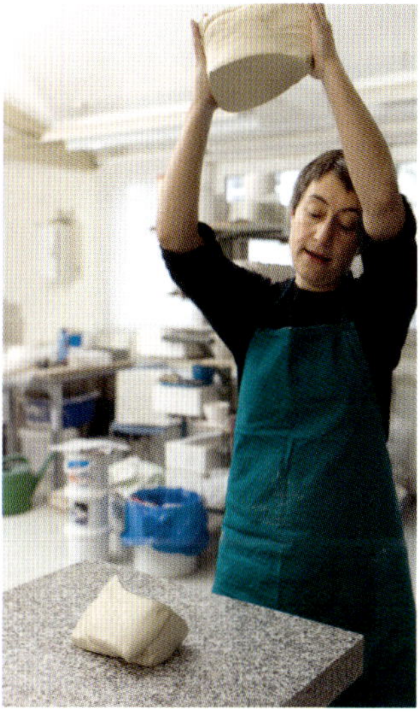

FEINGEMACHT

11 | Silke Gehrig
Schulstraße 1 · 60594 Frankfurt am Main
info@nähemain.de · nähemain.de
0175 / 4340325

Öffnungszeiten:
Di – Fr 11 – 19 Uhr · Sa 10 – 17 Uhr

»Mein Bestseller ergab sich eigentlich aus einem Versehen, weil ich das Teil falsch herum genäht hatte.«
Silke Gehrig

Die Autodidaktin begann mit dem Nähen, um einen Ausgleich zur beratenden Tätigkeit als Kommunikationswirtin zu finden. Die Tatsache, etwas Konkretes in den Händen halten zu können, erfüllte sie. Gestartet mit einfachen Replikaten ergab sich mit den ersten eigenen Entwürfen ein Markt und somit eine ernstzunehmende Alternative zum studierten Beruf. Heute gibt sie das selbst erlernte in Nähkursen in ihrem Sachsenhäuser Ladenatelier mit angeschlossenem Schulungsraum weiter. Ihre Kollektion konzentriert sich auf Kleidung für Jungen und Mädchen bis zum Grundschulalter aber auch zahlreiche Accessoires für die Eltern, sind bei ihr zu finden. Die Sprache der Formen, Farben und Muster, die Silke verwendet, erinnern sie an ihre eigene Kindheit und bieten ihr damit die beste Inspirationsquelle.

Nähe Main

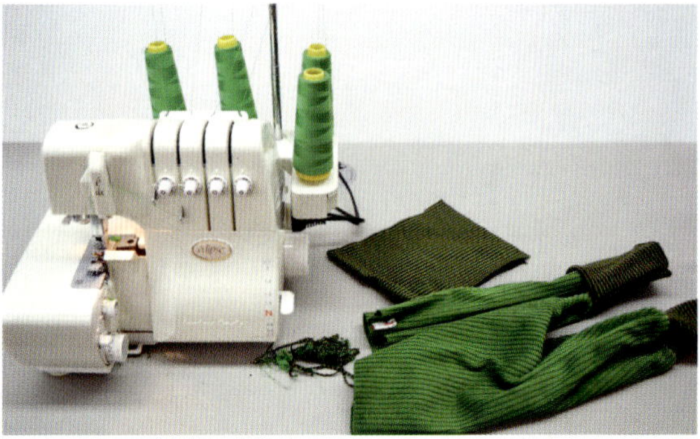

»Beim Machen kommen mir die besten Ideen.«

LAMPENSCHIRMSTUDIO BARTH

12 | Kathrin Barth
Schneckenhofstraße 15 · 60596 Frankfurt am Main
info@barth-lampen.de · barth-lampen.de
069 / 612554

Öffnungszeiten:
Di – Fr 10 – 18 Uhr · Sa 10 – 14 Uhr

»Der schönste Moment ist, wenn die richtige Proportion für einen Schirm eines schwierigen Lampenfußes gefunden ist und ein harmonisches Ganzes entsteht.« Kathrin Barth

In ihrem Laden mit großzügiger Werkstatt gibt es stets eine umfangreiche Auswahl an Lampen zum direkten Erwerb. Hier finden sich ihre modernen Kollektionen, wie die Hocker- oder Glasvasenlampen oder auch diverse Einzelstücke mit teils antiken Lampenfüßen. Der Kunde kann aber auch aus Erinnerungs- oder Fundstücken, aus Vasen und Skulpturen seine individuellen Leuchten fertigen lassen. Für mitgebrachte Lampenfüße werden je nach Wunsch und Wohnsituation stimmige Schirme in Form und Umfang erstellt. Hierfür stehen Seide, Chintz, Rips und Lederimitate zur Verfügung. Für die handgewischten Schirme erarbeitete sie sich eigene Techniken und verwendet Acryl und Kunstharz auf Lackkarton. Da kann die Wahl und Führung des Pinsels viel über die Lichtwirkung entscheiden. Die Schreinerin und Restauratorin betreibt das Handwerk in dritter Generation, und ihre Mutter, von der sie lernte Lampenschirme zu fertigen, hilft noch heute gerne aus.

Das Erstellen von Lampenschirmen ist dem
Buchbindehandwerk sehr verwandt.

EVELYN TOOMISTU DESIGN

13 | Evelyn Toomistu
AtelierFrankfurt, 6. OG, Raum 6.12
Schwedlerstraße 1 – 5 · 60313 Frankfurt am Main
info@evelyntoomistu.com · evelyntoomistu.com

Öffnungszeiten:
Termine nach Vereinbarung und zu den Ateliertagen

»Leder ist ein Urmaterial und belebt die Sinne.«
Evelyn Toomistu

Sie studierte in Estland Lederkunst und Lederdesign und entwarf für ihre Diplomarbeit eine Lederhandschuhkollektion. Später folgte ein Fachbuch über die Geschichte des Handschuhs, die dazugehörenden Sitten und Gebräuche sowie die Handschuhmacherei.
Heute näht sie in ihrem Atelier und Showroom im Ostend ihre eigenen Kollektionen von Lederhandschuhen für Damen und Herren. So verarbeitet sie unter anderem Fisch-, Straußen-, Schwein- und Ziegenleder und nimmt individuelle Bestellungen entgegen, bei denen ihre Kunden ihre Ideen in den Entwicklungsprozess einbringen können. Ihre liebsten Produkte sind die Dreifinger-Fäustlinge. Diese entwickelte sie, um eine hohe Mobilität der Hände aber auch beste Wärmeausnutzung durch eine möglichst kleine Oberfläche zu gewähren. So erhält man die Wärme wie bei einem Fäustling und doch die Fingerfertigkeit wie bei einem Handschuh. Dies lässt eine Vielzahl von Winteraktivitäten zu, ist aber auch zum Schreiben oder Fotografieren geeignet.

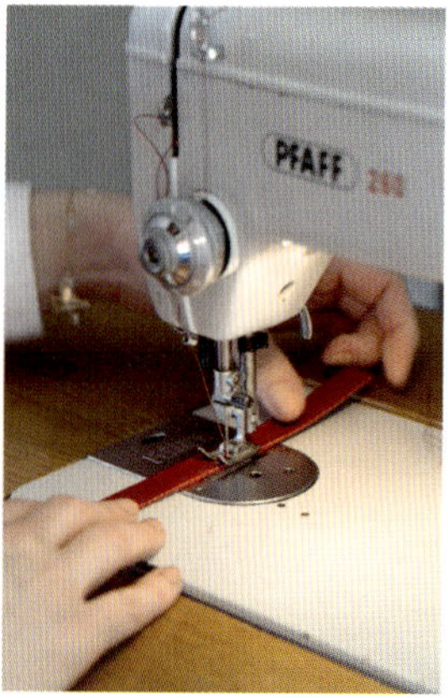
PFAFF

»Hier in diesen Räumlichkeiten sind über hundert Ateliers und verschiedene Kreative. Das kann sehr inspirierend sein, und interessante Synergien und Projekte entstehen.«

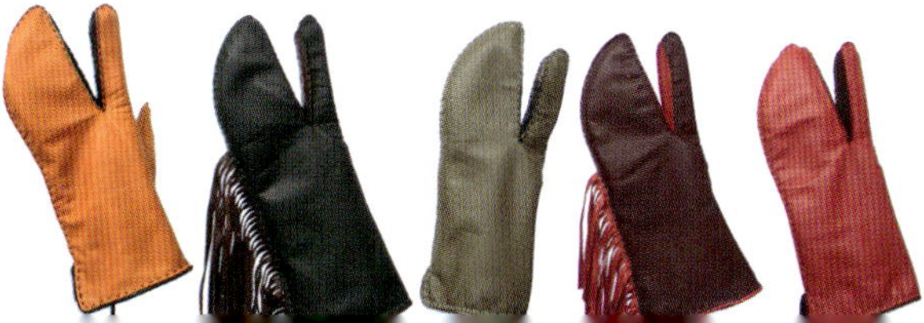

FOURIER

14 | Joel Fourier
Falkstraße 27 · 60487 Frankfurt am Main
joel.fourier@web.de · joelfourier.de
0175 / 3614847

Termine nach Vereinbarung

»Der tollste Moment ist, wenn ich morgens aufwache und plötzlich weiß, wie ich eine Konstruktionshürde überwinden kann. Dann wächst die Vorfreude, loslegen zu können.«
Joel Fourier

Er schätzt die Herausforderung, immer Neues zu entwickeln, sei es die Umsetzung von eigenen Ideen oder das Erfüllen von Kundenwünschen. Der Quereinsteiger startete zunächst mit Produkten für seinen persönlichen Bedarf, die er auf dem Markt vermisste oder die seinen Anforderungen nicht gerecht wurden. Heute umfasst seine Kollektion Taschen und Hüllen für unterschiedliche Nutzungen und verschiedenartige Güter. Auch Umsetzungen für Einrichtungsgegenstände schließt sein Repertoire mit ein. Wichtig ist dem studierten Soziologen, der das Thema Nachhaltigkeit bereits in seiner Abschlussarbeit vertiefte, einen Beitrag zum umweltbewussten Konsum leisten zu können. Daher verwendet er pflanzlich gegerbtes und bio-zertifiziertes Leder, das arm an Schadstoffen und allergie-freundlich ist.

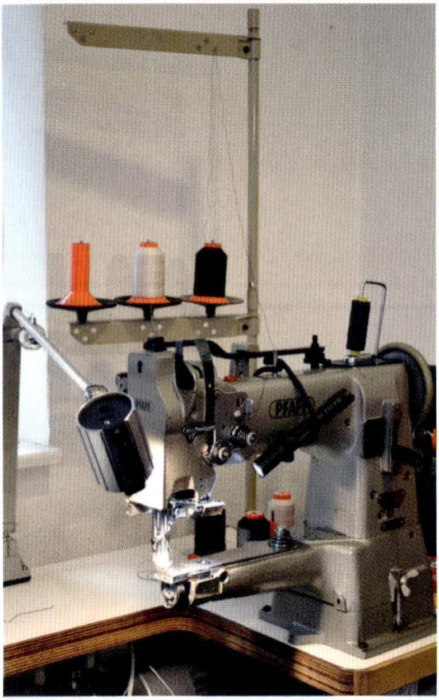

»Das Produkt an dem ich gerade arbeite, ist auch stets mein liebstes.«

herzlichen
glück

HÖCHST*SCHÖN

15 | Marcus Bonszkowski · Tanja Huckenbeck
Königsteiner Straße 48 · 65929 Frankfurt am Main
info@hoechst-schoen.de · hoechst-schoen.de
069 / 36601929

Öffnungszeiten:
Do – Fr 15 – 19 Uhr
und nach Vereinbarung

»Wir bezeichnen uns manchmal als arbeitendes Museum.«
Tanja Huckenbeck

In der Höchster Hinterhofwerkstatt arbeiten Tanja und Marcus mit derselben Technik wie zu Zeiten Gutenbergs. An rein mechanischen Druckerpressen und mit alten Beständen von Holz- und Bleilettern fertigen sie Grußkarten, Poster und Geschenkartikel. Den beiden ist es ein großes Anliegen, alte Tiegel und Letter zu erhalten, und so kaufen sie regelmäßig Bestände von Druckereien auf. Gerne werden Druckaufträge für individuelle Visiten- oder Einladungskarten entgegengenommen. Dafür dürfen Kunden auf Wunsch – nach dem Gestalten des Entwurfes und Einrichten des Schließrahmens – den Druckprozess auch selbst ausführen. Und während der Einweisung in die 100 Jahre alten Pressen bekommt man gleich noch eine Führung durch die Geschichte des Buchdrucks. Im Verkaufsraum im ersten Stock werden neben den eigenen Druckerzeugnissen zahlreiche handgefertige Produkte rund um das Thema Typografie angeboten.

»Zwischendrin knabbern wir natürlich am liebsten ABC-Kekse.«

SOLO MÖBEL-RAUM-OBJEKT

16

Michael Bresser
solo@designerundschreiner.de · designerundschreiner.de/
0173 / 7777357

Werkstatt: Werkstatt S. Thiel
Flinschstraße 8 · 60388 Frankfurt am Main
Showroom:
Rothschildallee 57 · 60389 Frankfurt am Main

Termine nach Vereinbarung

»Meine Arbeit ist dann gelungen, wenn meine Stücke wirken, als hätten sie schon immer zum Kunden gehört.«
Michael Bresser

Die Werke des gelernten Schreiners und Produktdesigners sollen sich den Bedürfnissen des Benutzers anpassen, nicht laut und auffallend sein, sondern sich in das Vorhandene einfügen und komplettieren. Gewünscht ist, dass sie wie selbstverständlich zum Raum und zu den Lebensgewohnheiten passen. Neben einer eigenen Kollektion von Wohnmöbeln wie Stühlen, Regalen und Sekretär konzentriert er sich auf die individuelle Fertigung. Nach einer Bestandsaufnahme werden die Gedanken und Wünsche der Kunden in konkrete Ideen formuliert, wobei er die Thesen seines Vorbilds Dieter Rams nie aus den Augen lässt. Zum Einsatz kommen neben verschiedenen Holzarten auch Metall, Leder und Stoff. Und durch die Zusammenarbeit mit anderen Handwerksbetrieben können viele Möglichkeiten der Umsetzung ausgeschöpft werden. Bei Interesse dürfen Kunden auch beim eigenen Möbelstück helfen und nach Anleitung mitarbeiten.

»Lieber etwas weniger Design.«

GOLEMOBJEKTE

17 Christian Müller
Ludwig-Erk Straße 24 · 63303 Dreieich
golemchris@t-online.de · golemobjekte.de
0152 / 08701300 · 06103 / 9957027

Termine nach Vereinbarung

»Der beste Moment meiner Arbeit ist, wenn das erste Modell eines neuen Kerzenwindspiels in Rotation gerät.«
Christian Müller

Er ist der Kopf hinter den Papierobjekten der Firma Golemobjekte. 2010 gab er sich nach einem Studium der Architektur und Gestaltung seiner Begeisterung für kinetische Kunstobjekte hin. Inspiriert von den Weihnachtspyramiden, wie man sie aus dem Erzgebirge kennt, stieß er beim Bauen von einfachen Prototypen ganz zufällig auf Papier. Das geringe Gewicht und die gute Formbarkeit lässt fragile und scheinbar schwerelose Objekte entstehen. Der Papierkünstler fertigt neben den Rotationsobjekten, Pop-Up-Karten, Mobiles und Tierkopftrophäen mit Hilfe eines Schneideplotters in Einzelanfertigung – jeweils als Bausatz erhältlich. In seinem Wohnatelier in Dreieich genießt er die kurzen Wege, den Garten und die Unabhängigkeit, als Nachtmensch seinen ganz eigenen Rhythmus leben zu können.

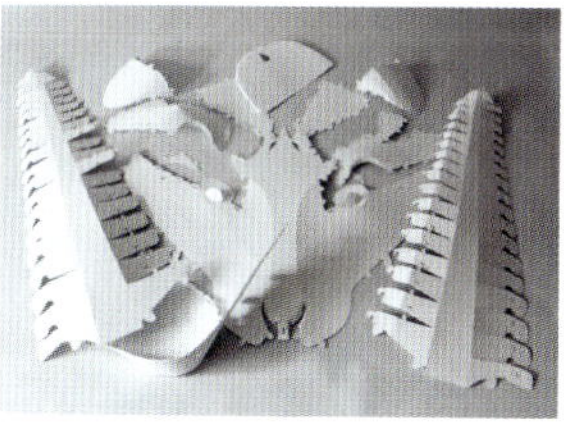

»Ich mag das Breitmaulnashorn wegen seiner kraftstrotzenden und doch freundlich gelassenen Ausstrahlung.«

PUPPENWERK

18

Sabine Gogolin
Berger Straße 329 · 60385 Frankfurt am Main
sabinegogolin@gmx.de · puppenwerk.com
069 / 15304863

Öffnungszeiten:
Di – Do 11–13 Uhr
und nach telefonischer Vereinbarung

»Der beste Moment ist, wenn ich die Puppe fertig aufgebaut habe und ihr über das Sticken von Augen und Mund eine Persönlichkeit einhauche.« Sabine Gogolin

Ihre reduzierten Stoffpuppen weisen trotz der wenigen Stickstiche sehr erkennbare Wesenszügen auf – mal schüchtern oder frech, aufmerksam oder verträumt. Die Puppenmacherin widmet sich in ihrer Bornheimer Werkstatt mit angeschlossenem Laden stets nur einer Puppe und erst nach Fertigstellung folgt der nächste Auftrag. Sie verwendet für die Körper, der Basis jeder Puppe, Schweizer Wolltrikot für die Puppenhaut, welche dann mit Schafwolle aus dem Allgäu gefüllt wird. Alpakagarn in unterschiedlichen Farbnuancen wird für den Haarschopf aufgestickt und lässt verschiedene Frisuren entstehen. Neben der Augenfarbe werden Kleidung und Schuhe nach individuellem Kundenwunsch entworfen und gefertigt.

»Meine Puppen
sollen Spielgefährten sein.«

QUILTMANUFAKTUR

19 | Andrea Kollath
Wallstraße 8 · 60594 Frankfurt am Main
post@quiltmanufaktur.de · quiltmanufaktur.de
069 / 67808400

Öffnungszeiten:
Di – Fr 11 – 19 Uhr · Sa 11 – 16

»Wenn man mit offenen Augen durch Frankfurt läuft, sieht man überall Muster und Formen, die man verwerten kann.« Andrea Kollath

Ihre modernen Quiltdecken sind weniger bildhaft sondern geprägt von Linien und Strukturen. Lange arbeitete die gelernte Schneiderin und Bekleidungstechnikerin in einem Münchner Patchworkgeschäft und zog zur Firmengründung in ihre Heimatstadt zurück. Ihr Ladenatelier in Sachsenhausen ist gefüllt mit bunten Stoffen, die nie ein zweites Mal bestellt werden, sodass sich das Sortiment stets wandelt. Noch müssen Patchwork-Stoffe aus Amerika bezogen werden, wo das Quilten eine lange Tradition hat, doch der europäische Markt holt auf. Neben der Werkstattarbeit, dem Stoffverkauf und der Betreuung von Kursen schreibt Andrea für Fachmagazine und auf ihrem Blog, um sich mit Interessierten auszutauschen und erarbeitet so den Aufbau einer Frankfurter Patchwork-Community.

»Ich mache Quilts, die benutzt werden sollen. Ein Staubfänger für die Wand ist nicht meins.«

RE-COVER

20

Sandra Elm
Basaltstraße 27 · 60487 Frankfurt am Main
captain@re-cover.de · re-cover.de
0178 / 5552040

Öffnungszeiten:
Di – Fr 14 – 20 Uhr · Sa 12 – 16 Uhr

»Viele Ideen entstehen im Chaos, wenn in der Werkstatt zufällig Dinge nebeneinander liegen und plötzlich zusammen passen.« Sandra Elm

In ihrem Atelier mit angeschlossenem Laden kommen viele Dinge zusammen: Alte T-Shirts, Leder- und Jeanskleidung vom Flohmarkt, aus privaten Spenden oder Restmaterial wie Pappen und Papiere von befreundeten Manufakturen. Alles bekommt hier die Chance auf ein weiteres neues Leben. Sandra ist der Kopf hinter dem Label ›re-cover‹, einer Projektidee, mit der 2008 alles begann: Alte Lieblings-T-Shirts recyceln, indem man sie als Cover eines Notizbuches wieder zum Tragen bringt. Heute hat sie ihr liebstes Hobby zum Beruf gemacht und entwickelt verschiedene Produkte, abhängig davon welche Zutaten sie findet oder zu ihr finden. Im Sommer wird die Werkstatt gerne auf den Bürgersteig ausgeweitet und zu einem Ideenpool der Passanten und Nachbarschaft.

Buttons, Knöpfe, Haargummis,
Magnete aus alten Shirts.

»Ich bin am Abend immer wieder überrascht, wie schnell so ein Arbeitstag rum ist. Das ist typisch für mich.«

Reußenzehn
David

REUSSENZEHN – TUBE POWER

21 Thomas Reußenzehn
Rebenstraße 2a · 60599 Frankfurt am Main
thomas@reussenzehn.de · reussenzehn.net
0173 / 7837313

Öffnungszeiten:
Mi – Fr 15 – 18 Uhr · Sa 12 – 15 Uhr

»Es freut mich, wenn ich meinen Kunden ein akustisches Erlebnis für daheim mitgebe.« Thomas Reußenzehn

Mit dem Aufkommen der Transistorverstärker glaubte der Ingenieur, wie nur wenige, noch an eine Zukunft der Röhrentechnik im Audiobereich und begann die alte Technik zu perfektionieren. Seitdem fertigt er Röhren-HiFi-Anlagen sowie Röhrenverstärker und weitere Audio-Komponenten in traditioneller und weiterentwickelter Bauweise. Seine Entwürfe unterliegen einem klaren und einfachen Design, welches der eigenen Logik folgt und somit auch eine direkte Bedienbarkeit gewährt. Seinen Kunden empfiehlt er, mit der Lieblingsmusik auf dem bevorzugten Tonträger vorbeizukommen. Abgestimmt auf die räumlichen Verhältnisse daheim, sowie dem Hörverhalten werden die gewünschten Geräte entwickelt. Und da ihm ein niedriger Stromverbrauch nicht nur bei seinen Produkten wichtig ist, spielt er als Mitglied einer Solar-Band, die mit Hilfe einer Photovoltaik-Anlage und eines natürlich selbstentwickelten Röhrenverstärkers auftritt.

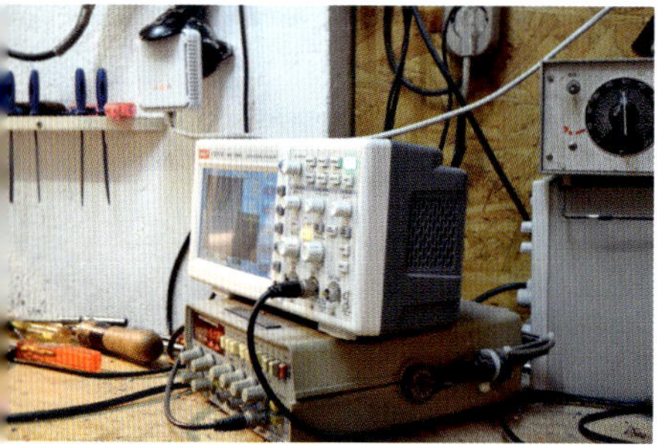

Auch Musiker wie Billy Gibbons oder Dusty Hill von ZZ Top und Bands wie BAP und Die Toten Hosen vertrauen seiner Arbeit.

GRASSGRÜN

22 Katja von Ruville
Vogelsbergstraße 38 · 60316 Frankfurt am Main
vonrueville@grassgruen.info · grassgruen.info
069 / 5973314

Öffnungszeiten:
Fr 11 – 19 Uhr · Sa 10 – 16 Uhr und nach Vereinbarung

»Meine Ideen kommen oft beim Spazierengehen mit meinem Hund.« Katja von Ruville

So findet die Grafikerin und Schmuckdesignerin auch viele ihrer Materialien. Sie ist immer am Schauen und Sammeln – Samen, Nüsse, Pollen, Sporen und kleine Blüten werden von ihr in Szene gesetzt und durch Gießharz konserviert. Manchmal entscheidet ein Fundstück und damit der Zufall über eine neue Serie.
Ausschlaggebend für ihre Firmengründung war die Erinnerung an ihr erstes Werk; ein Seepferdchen, welches sie als Kind eingegossen und ihr als Kunstwerk viel Freude bereitet hat. Heute fertigt sie Ringe, Anhänger, Ohrringe und Manchettenknöpfe aus ihren »Gießlingen«. Jedes der Schmuckstücke entsteht als Unikat einer limitierten Kleinserie. Dafür arbeitet sie eng mit einer Frankfurter Goldschmiedin zusammen und fertigt individuelle Verpackungen für ihre Kollektionen. Von ihrer Werkstattgalerie im Nordend schaut sie auf den angeschlossenen Garten, in den sie auch gerne mal ihren Arbeitsplatz verlegt und vielleicht auf neue Ideen stößt, die sich zwischen den Pflanzen finden.

»Ich mag den Moment,
wenn ich die Gießlinge aus der Form löse –
es ist immer eine Überraschung.«

HANDGEMACHTE SCHUHE

23 | Jörg Koch
Friedberger Landstraße 128 · 60316 Frankfurt am Main
joerg-koch@handgemachte-schuhe.com
handgemachte-schuhe.com
069 / 4940974

Öffnungszeiten:
Di, Mi, Fr 12 – 18 Uhr · Do 12 – 20 Uhr · Sa 10 – 13 Uhr
und nach Vereinbarung

»Mit Schuhen kann man was machen, die bringen einen weiter.«
Jörg Koch

Der Handwerksmeister setzt auf Schuhe ohne Schnickschnack – schlicht, neutral, passend für viele Anlässe sollen sie sein. Im Angebot stehen Konfektionsschuhe seines eigenen Designs, doch der Fokus liegt auf der traditionell handwerklichen Herstellung von Maßschuhen. Nach dem Erfassen von Fußabdrücken und dem Aufnehmen aller Maße der Füße werden exakte Holzformen der Füße erstellt – die Maßleisten. Um diese herum werden die Schuhe aufgebaut, welche nach einer Weile des Einlaufens, wie Strümpfe am Fuß sitzen. Die Leisten der Kunden werden archiviert, sodass sie immer wieder als Modell weiterer Schuhe dienen können. Individuelle Wünsche bezüglich Schnitt und Design werden gerne berücksichtigt. So kann zwischen verschiedenem Leder, unterschiedlichen Leisten- oder Schaftmodellen oder auch der Art der Fertigung gewählt werden – holzgenagelt oder eingestochen sowie gedoppelt oder zwiegenäht.

»Schuhe sind total entscheidend fürs Wohlbefinden.«

SONEART

24 | Ivo Houben, Markus Schreiber
Berger Straße 418 · 60385 Frankfurt am Main
ivo@soneart.de · markus@soneart.de · soneart.de
069 / 28606650

Öffnungszeiten:
Di – Sa 11 – 19 Uhr

»Das Beste ist das Ausarbeiten, nachdem die Brille aus der CNC-Fräse kommt, dann erhält jedes Stück seinen eigenen Charakter.« Markus Schreiber

Für die Sonnenbrillen von ›soneart‹ verwenden Markus und Ivo gebrauchte Skateboards, entweder aus ihrem eigenen Fundus oder sie lassen Kids ein paar Wochen fahren. Unbenutzte Boards zu verwenden käme ihnen nicht in den Sinn – man raubt schließlich nicht den Leuten die Basis ihrer Leidenschaft. Die Freunde lernten sich über das Skaten kennen – der eine Longboardbauer, der andere Optiker – und eröffneten einen Laden rund ums Skaten. In den angeschlossenen Werkräumen nutzen die beiden die gegebenen Rundungen der Bretter und formen Fassung und Bügel. Nach einem Tag mit Dremel, Feile und Schleifpapier kann die Werkstatt schon mal im bunten Staub versinken. Jede Brille ist ein nummeriertes Einzelstück. So kann jederzeit festgestellt werden, aus welchem Brett sie gefräst wurde und sogar wer dieses Brett früher mal geskatet hat.

Jede Slidespur und jeder Kratzer haben eine Geschichte zu erzählen.

»An so einem Deck hängen Erinnerungen an gestandene Tricks, Momente mit Freunden, Blut, Schmerz und Verbissenheit. – Made of happy little accidents.«

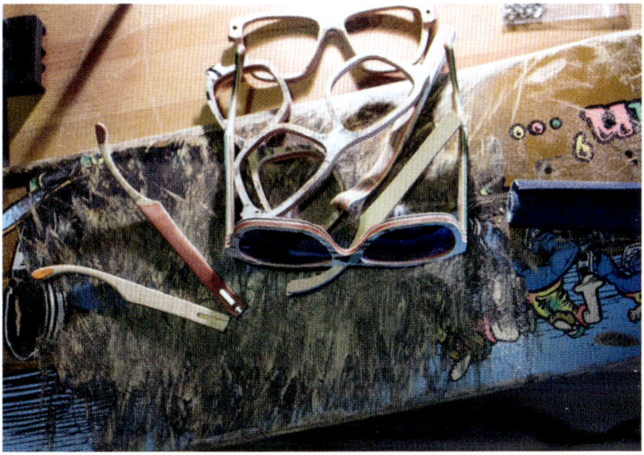

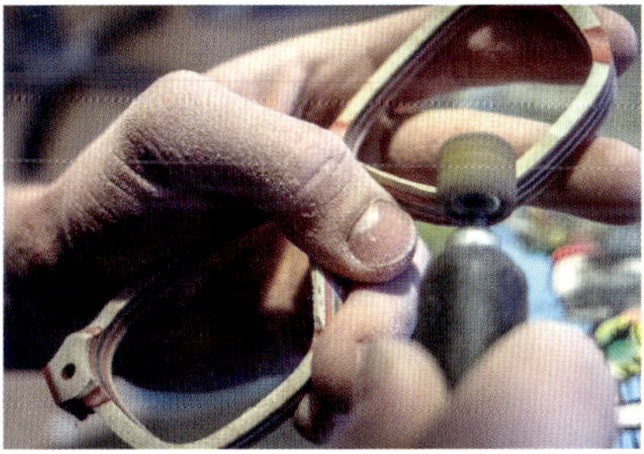

ENTERPRISE STRICKDESIGN

25 Gudrun Peterek
Spohrstraße 46 · 60318 Frankfurt am Main
gudrun.peterek@gmail.com · enterprise-strickdesign.de
069 / 15628578

Termine nach Vereinbarung

»Da fachkundige Werkstätten rar geworden sind, musste ich mich mit der Mechanik meiner Maschinen tiefgehender beschäftigen als mir zunächst lieb war, um selbst Reparaturen durchführen zu können.« Gudrun Peterek

Seit 1986 arbeitet die autodidaktische Strickerin teilweise noch an denselben Handstrickmaschinen. In ihrem Wohnatelier im Nordend hat sie alles in Griffweite und kann spontanen Eingebungen direkt nachgehen. Es entstehen Pullover, Schals, Jacken, Armstulpen aus Mohair und Merinowolle. Sie strickt auch gerne mal Materialien aus dem Baumarkt ein, sodass sich Produkte entwickeln, die man wenig mit Strick in Verbindung bringt. Wollige Installationsobjekte für Agenturen sowie provokante Streetart entstehen. Da bekommt der Bulle vor der Börse anlässlich des Banken-Stresstestes auch mal einen roten Mohair-Hodensack verpasst – in Maßanfertigung selbstverständlich.

exacta

»Mit Enterprise verbinde ich nicht nur mein Unternehmen, sondern auch Aufbruch, Neues, Experiment.«

KAREKLA

26 | Brigitte Meffert
Wittelsbacherallee 74 · 60385 Frankfurt am Main
info@karekla-ffm.de · karekla.de
069 / 438436

Öffnungszeiten:
Mo – Fr 10 – 18 Uhr · Sa 10 – 13 Uhr

»Die besten Ideen kommen mit den Herausforderungen.«
Brigitte Meffert

Wann immer es sich ergibt, kauft die Stuhlflechterin Bestände von alten Stühlen auf. Durch Neubespannen von Sitzflächen und Lehnen schenkt sie diesen ein zweites Leben und so einen Platz im Verkaufsraum ihrer Werkstatt; ebenso vertrauen ihr Kunden Stühle zur Restauration an. In enger Absprache werden die Liebhaber- und Fundstücke bearbeitet – Schleifen, Ölen, Ausbessern von Holzschäden, Neubespannen durch Handflechtarbeiten oder Einsetzen von Fertiggeflechten kommen hierbei zusammen. Doch ist nicht immer ein makelloses Ergebnis erwünscht. Emotionale Erinnerungen, die sich hinter Kratzern und Schrammen verbergen, werden von ihr berücksichtigt – so entstehen sehr persönliche Einzelstücke. Im Sommer verlagert sie ihre Arbeit gerne auf den Vorplatz des Ladens. Dort erwarten sie morgens auch gelegentlich von Frankfurtern ausgesetzte alte Stühle und damit neue Herausforderungen.

»Ich gehe während meiner Arbeit eine enge Verbindung mit den Stühlen ein.«

TAPETENMANUFACTUR HEMBUS

27 Sabine Ochs, Hans Moosbrugger
Palleskestraße 3 · 65929 Frankfurt am Main
info@hembus.de · historische-tapeten.de
069 / 232060

Termine nach Vereinbarung

»Wenn ich Fragmente alter Tapetenfunde bekomme um das Muster zu rekonstruieren, beginnt der beste Teil meiner Arbeit.«
Sabine Ochs

Dann macht sich die Tapetendruckerin auf die Suche, studiert zeitgenössische Gemälde und stöbert in Archiven, um möglichst detailgetreue Druckvorlagen für die Nachbildungen zeichnen zu können. Mit dem Wiederaufbau des Goethehauses in Frankfurt startet der damalige Firmenchef Julius Hembus die Gründung der Manufaktur. Für die Wiederherstellung der Wanddekorationen entwickelte er eine eigens dafür ausgerichtete Maschine. Noch heute wird hier im Siebdruckverfahren produziert. Neben Auftraggebern aus der Denkmalpflege werden auch Filmproduktionen mit Handdrucktapeten ausgestattet. Doch der Fokus liegt auf Privatkunden, welche sich auch ein eigenes Dekor entwickeln lassen können. So entsteht eine wachsende Kollektion von Tapeten und Bordüren, die auch nach Jahrzehnten in exakt gleicher Musterung und Farbgebung wieder aufgelegt werden kann.

Tapeten

Für ebenmäßige und gleich saugende Untergründe wurden früher auch gerne Zeitungen, Briefe oder Gesangbuchseiten verwendet. Dies erleichtert heute beim Freilegen der Tapeten die Analyse zur Bestimmung des Jahrgangs.

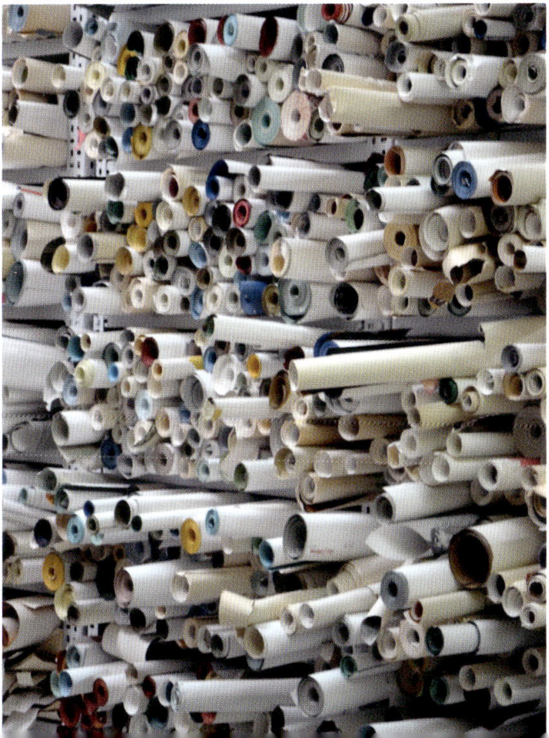

DANIELA DAMM

28 Daniela Damm
Falkstraße 27 · 60487 Frankfurt am Main
danidamm@t-online.de · danieladamm.de
069 / 79302854

Öffnungszeiten:
Di – Fr 11 – 19 Uhr · Sa 11 – 15 Uhr

»Wenn ich morgens die Tür zur Werkstatt aufmache und hineingehe bin ich zufrieden, es ist einfach ein guter Ort.«
Daniela Damm

In ihrer Werkstatt mit angeschlossenem Verkaufs- und Beratungsraum in Bockenheim ist die gelernte Täschnerin seit über zehn Jahren. Sie entwickelte eine Ledertaschenkollektion, die vielseitige Variationsmöglichkeiten bietet. Basierend auf von ihr entworfenen Grundformen kann zusammen mit der Kundin die gewünschte Tasche erstellt werden. Anhand von Modellfotos und Materialmustern wird auf individuelle Bedürfnisse eingegangen. So entsteht nach Absprache von Leder, Futter, Innen- und Außenfächern, Riemen und Griffen ein ganz eigenes Modell. Und da sie fast immer zugreift, wenn sie schöne Materialien sieht, sei es auf Messen oder Reisen, bietet sich stets eine große und wechselnde Auswahl für Interessierte.

»Der schönste Moment im Arbeitsprozess ist, wenn ich die Zeit vergesse.«

CLOPEN SUPERSTORE

29 | Tomik Konecny
Sandweg 110 · 60316 Frankfurt am Main
info@clopen.de · clopen.de
069 / 46008838

Öffnungszeiten:
Mo – Fr 10 – 19 Uhr · Sa 11 – 16 Uhr

»Wir probieren gerne rum, um möglichst jedes Textil veredeln zu können.« Tomik Konecny

Der gelernte Mediengestalter übernahm 2008 das Unternehmen seines damaligen Chefs. Seitdem trägt der Laden mit angeschlossenen Druck- und Plotterräumen die Handschrift seiner Leidenschaft; der Streetart. Seine T-Shirt-Kollektionen entstehen oft in Kooperation mit befreundeten Graffitikünstlern oder verarbeiten lokale Themen, was seine Frankfurter Kunden sehr schätzen. Für diese übernimmt er auch gerne die gestalterische Umsetzung der mitgebrachten Ideen mit Flex-, Flock- und Phototransferfolien oder erstellt Siebe für das Siebdruckverfahren. Shirts, Mützen, Hosen oder Jacken unterschiedlicher Beschaffenheit erhalten so ihre individuelle Veredelung. Und spontane Einfälle werden direkt als Einzelstücke oder in Kleinstserien getestet und im Laden präsentiert. Außerhalb der Geschäftszeiten bietet der Automat an der Außenfassade stets die Möglichkeit, kleine Clopen-Kreationen zu ziehen – Buttons mit Lieblingsmotiven.

Siebdruckkarussell.

328c
1935
364c

PUSH,YOUR

HANDWEBEREI

30 | Nadine Cromme
Zeilsheimer Straße 10 · 65779 Kelkheim
nadine.cromme@gmx.de · nadine-cromme.de
06195 / 64405

Termine nach Vereinbarung

»Es begann in der Schulzeit: ich bekam Rohwolle von sieben Schafen geschenkt, die verarbeitet werden musste.«
Nadine Cromme

Noch heute staunt die gelernte Handweberin über den Prozess vom Garn zum fertigen Produkt und wie durch den lauten, schweren Webstuhl die leichten, weichen Stoffe entstehen. Sie verarbeitet Wolle, Kaschmir und Seide, die sie als Rohware nach eigenen Vorstellungen färben lässt. Es entstehen Decken, Läufer, Schals für Herren und Damen, welche im Atelier oder auf dem Weihnachtsmarkt der Künstler am Römer in Frankfurt verkauft werden. Nadine schätzt die Einheit von Entwurf, handwerklicher Arbeit und Direktvertrieb und dem damit verbundenen Austausch mit ihren Kunden.
An Wochenenden finden in dem großen, lichtdurchfluteten Atelier regelmäßig Kurse statt. Hier wird das Webhandwerk von der Entwicklung der Idee, dem Herrichten des Webstuhls bis zu dem eigentlichen Weben weitergegeben und erlernt. Und für die Pause am Mittag lädt der angeschlossene großzügige Garten ein.

*»Es ist schön
zu sehen, wie das Gewebe
wächst.«*

SELBST MAL ETWAS VON HAND FERTIGEN?

BUCHBINDEN

Klassisches bis experimentelles Buchbinden
Beate Rosebrock
Offenbacher Landstraße 368 · 60599 Frankfurt am Main
069 / 652157 · arterose.de

boesner-Seminar
August-Schanz-Straße 12 · 60433 Frankfurt am Main
boesner.com

FÄRBEN

Erlernen der 400 Jahre alten Färbetechniken, bedrucken im Reservedruckverfahren der eigenen Stoffe, Tücher und Taschen
Freilichtmuseum Hessenpark
Laubweg 5 · 61267 Neu-Anspach
06081 / 588-109 /-161 · buchung@hessenpark.de

FILZEN

Erlernen der Nass- und Trockenfilztechnik
Freilichtmuseum Hessenpark
Laubweg 5 · 61267 Neu-Anspach
06081 / 588-109 /-161 · buchung@hessenpark.de

FLIP-FLOPS AUS LEDER HERSTELLEN

Einfache Fußbekleidung selbst gemacht,
Workshops für Kindergruppen
DLM Deutsches Ledermuseum / Schuhmuseum Offenbach
Frankfurter Str. 86 · 63067 Offenbach/Main
069 / 8297980 · 069 / 17074828 · ledermuseum.de

FLORALES GESTALTEN

Technik und Gestaltung von Kränzen und gesteckten
Kleinigkeiten zur Dekoration
vhs.frankfurt.de

GOLDSCHMIEDEN

Verschiedene Metalle und Fertigungsverfahren kennenlernen
vhs.frankfurt.de

HOLZ BEARBEITEN UND MÖBEL RESTAURIEREN

Verschiedene Kurse vermitteln Handhabung von Werkzeug
und Material
Die Kreativwerkstatt
Hansaallee 150 · 60320 Frankfurt am Main
069 / 5971684 · frankfurter-verband.de

HÜTE MACHEN

Stroh- und Filzhutherstellung nach eigenen Ideen
Schule für Mode. Grafik. Design
Bernardstraße 73 · 63067 Offenbach
069 / 778592 · schule-fuer-mgd.de

KLÖPPELN

Nach alter Tradition verschiedenartige Spitzen fertigen
Klöppeln im Taunus
Ann K. L. Lange
61440 Oberursel
06171 / 2969121 · kloeppelnimtaunus.de

KÖRBE FLECHTEN

Ungeschälte Weide zu Schalen und Körben flechten
Kreativefinger
Katja Schyrer
Am Roten Graben 34 · 63691 Ranstadt
06041 / 962233 · kreativefinger.de

Parusso
FORTE D'ALBA • ITALIA

NÄHEN

Im geräumigen, luftigen Atelier Mode nähen lernen
Modewerkstatt Mechthild Cromme
Zeilsheimer Straße 10 · 65779 Kelkheim/Ts.
06195 / 73401 · naehkurse-cromme.de

Offene Stunden in netter Runde,
Einweisungen in die eigene Nähmaschine
Nähcafé Seidenfaden
Sylvia Schäfer
Friedberger Landstraße 132 · 60316 Frankfurt am Main
069 / 90439522 · naehcafe-seidenfaden.de

Kindermode und Accessoires nähen innerhalb
themenbezogener Kurse
Nähe Main
Silke Gehrig, Birgit Hütt
Schulstraße 1 · 60594 Frankfurt am Main
0175 / 4340325 · naehemain.de

Nitto Kitto
Simone Möller
Morgensternstraße 37 · 60596 Frankfurt am Main
069 / 62700267 · nittokitto.com

ORIGAMI FALTEN

Freie Gruppe, die sich zum Papierfalten und Austausch von
Techniken trifft
keepfoldingon.wordpress.com

PUPPEN HERSTELLEN

Stoffpuppen und passende Accessoires nähen
Puppenwerk
Sabine Gogolin
Berger Straße 329 · 60385 Frankfurt am Main
069 / 15304863 · puppenwerk.com

QUILTEN UND PATCHWORKEN

Verschiedene Techniken mit und ohne Nähmaschine erlernen
Quiltmanufaktur
Andrea Kollath

Wallstraße 18 · 60594 Frankfurt am Main
069 / 67808400 · quiltmanufaktur.de

REPAIR-CAFE

Unterstützt den Gedanken der Nachhaltigkeit,
Müllvermeidung und der Nachbarschaftshilfe,
offene Stunden jeden vierten Donnerstag
Die Kreativwerkstatt
Hansaallee 150 · 60320 Frankfurt am Main
069 / 5971684 · frankfurter-verband.de

SCHMIEDEN

Schmieden des eigenen Messers im Wochenendkurs
Jasper Janke
De-Bary-Straße 18 · 60320 Frankfurt am Main
0176 / 21508525 · handgeschmiedete-messer.com

SEIFEN HERSTELLEN

Aus pflanzlichen Materialien Seifen, Bodybutter und Badepralinen herstellen
vhs.frankfurt.de

SIEBDRUCKEN

Eigene Motive auf Textil oder Pappen und Papieren drucken
Lichtblau Siebdruck
Kerstin Lichtblau
Elbestraße 10 · 60329 Frankfurt am Main
069 / 781642 · gold-factory.blogspot.de

STRICKEN

Gemeinsames Stricken in offener Runde
und wechselnden Cafés
meet-to-knit.blogspot.de

Stricken und Häkeln lernen im Einzelunterricht
nach Absprache
die 2
Christine Weigand, Monika Küll
Schulstraße 38 · 60594 Frankfurt am Main
069 / 66125896

TÖPFERN

Freie Töpferstunden oder geleitete Töpferkurse
Made by you
Linnéstraße 33 · 60385 Frankfurt am Main
069 / 90437984 · madebyyou-frankfurt.de

Töpfern auf der Drehscheibe
Coloria
Eschersheimer Landstraße 86 und 90
60322 Frankfurt am Main
069 / 95509798 · coloria.de

Evangelische Familienbildung Frankfurt
Darmstädter Landstraße 81 · 60598 Frankfurt am Main
069 / 60500411 · familienbildung-ffm.de

UPCYCELN

Aus Alt mach Neu in dem Verwandlungsatelier
Fraktali
Beatrice Anlauff
Linnéstraße 3 · 60385 Frankfurt am Main
0178 / 1482993 · beatriceanlauff.com

WEBEN

Am Handwebstuhl das Weben erlernen
Nadine Cromme
Zeilsheimer Str. 10 · 65779 Kelkheim/Ts.
06195 / 64405 · nadine-cromme.de